Bertold Ulsamer
**Glück hat seinen Preis**

Bertold Ulsamer

# Glück hat seinen Preis

7 Gründe, warum es vernünftiger ist,
unglücklich zu bleiben

Impressum
1. Auflage 2014
© Bertold Ulsamer 2014

Layout, Satz und Covergestaltung:
Devam Will

Herstellung und Verlag:
BoD – Books on Demand, Norderstedt
ISBN 978-3-7357-2383-3

## *Glück hat seinen Preis*

# 7

## *Gründe, warum es vernünftiger ist, unglücklich zu bleiben*

Über Glück und Glücksmomente

### *1.*
Glück sprengt Deinen bisherigen Rahmen ......... 13

### *2.*
Glück lässt Dir Deine Mängel und Schwächen .... 17

### *3.*
Glück braucht Dich verletzlich ...... 29

### *4.*
Glück nimmt Dir Deinen alten Ärger
und verbindet Dich mit Deiner Kraft ...... 37

### *5.*
Glück will Dich demütig ...... 45

### *6.*
Glück verursacht Dir ein schlechtes Gewissen .... 53

### *7.*
Glück löst Deine Persönlichkeit auf ...... 61

Zum guten Schluss: Lob der Vernunft ...... 65

**Liebe Leserin, lieber Leser!**

In diesem Buch rede ich Sie per „Du" an. So fällt mit die persönliche Ansprache leichter.

Damit will ich Ihnen nicht zu nahe treten. Ich weiß um die vielen Unterschiede, die uns Menschen – also auch Sie und mich – unterscheiden. Deshalb mag auch manches von dem, was ich ausführe, gerade für Sie nicht stimmig sein.

Seien Sie dann gnädig. Stellen Sie sich einfach vor, dass ich in diesem Buch zu mir selbst spreche.

*Bertold Ulsamer*

# Über Glück
# und Glücksmomente

Noch ein Buch mehr über das Glück? Muss das sein? 26.287 Treffer zu „Glück" habe ich bei amazon.de Bücher gefunden und zum Zeitpunkt, an dem Du diese Zahl liest, werden es noch einige mehr geworden sein. Und jetzt ich auch noch, einer der vielen, der mit einem Buch auf der Glückswelle surfen will?

Aber mir geht es wahrscheinlich wie vielen meiner Autorenkollegen und -kolleginnen, die von dieser Welle ergriffen werden. Der eigene Widerstand ist zu gering, die mitreißende Kraft zu groß. Und so hast Du liebe Leserin, lieber Leser, die Nummer 26.288 in Händen.

Jeder möchte glücklich sein. Und jeder Mensch darf danach streben, so ist es sogar in der amerikanischen Verfassung verankert. Früher war es Menschen wohl oft nicht so wichtig, da wollten sie erst einmal nur überleben. Wenn der Kampf ums Dasein alle Kraft erfordert, dann ist die Frage nach Glück erst einmal zweitrangig.

Aber heute wird dieser Drang nach Glück immer stärker. Warum nur sind dann nicht mehr Menschen glücklich? Wo doch so viele davon träumen? Warum bist Du selbst nicht glücklicher?

Trotz all Deiner Bemühungen begegnet Dir Glück nur für kurze Momente, manchmal – wenn Du viel Glück hast – auch eine Zeitlang. Aber bevor Du Dich wirklich daran gewöhnt hast, verschwindet es wieder. Irgendwo und irgendwie scheint es am Horizont erreichbar zu sein und

*Warum bist Du selbst nicht glücklicher?*
*Trotz all Deiner Bemühungen!*

lässt sich gleichzeitig doch nicht dauerhaft fassen. Frustrierend!!

Der Grund ist einfach, auch wenn ihn kaum einer nennen mag: Wir sind deshalb nicht auf Dauer glücklich, weil Glück seinen Preis hat. Glück ist kostspielig. Sein Preis ist handfest und gesalzen. Wer glücklich sein will, muss den Preis dafür bezahlen. Zudem können wir vorher gar nicht wissen, ob Glück diesen Preis wirklich wert ist. Wegen dieser berechtigten Vorsicht gehen wir kein Risiko ein.

Die Vernunft spricht deshalb dafür, unglücklich zu sein. Insgeheim weißt Du das auch. Dein Instinkt hat Dich bisher den richtigen Weg geführt. Zwar magst Du über das eigene Unglück jammern – und doch bist Du tief drinnen insgeheim froh. So musst Du Dir keine Sorgen über zu viel Glück machen.

Lass also Glück bei Dir nur ein seltener Gast sein!

Gleichzeitig bleibst Du so aber gespalten und ein Stück unzufrieden. Der Traum vom Glück lässt Dich nicht los. Es ist eine Art Massensuggestion – denk nur an die boomenden Buch-Glücksratgeber!

Hier will Dir dieses kleine Buch helfen.

Dein Frust soll sich legen, und dazu ist es hilfreich, die Gründe genauer zu erforschen, die Glück so unangenehm machen. Wenn Du die Ursachen genauer erfasst hast, kannst Du entspannen – und ein klein wenig zufriedener werden mit dem eigenen Unglück. Anstatt endlos zu versuchen, rosarote Luftballons zu fangen, darfst Du verschnaufen.

Am Anfang stellt sich allerdings die berechtigte Frage: Ist denn überhaupt Glück denkbar, das dauern kann? Wie könnte das aussehen?

## *Verschnaufe, anstatt endlos zu versuchen, rosarote Luftballons zu fangen!*

## Über Glück und Glücksmomente

Ganz bestimmt ist es nicht das Glück der besonderen Momente. Die gibt es. Allerdings sind sie eher selten. Das liegt in ihrer Natur als Ausnahmen.

In jungen Jahren gibt es das besondere Lob der Eltern oder Lehrer, der Sieg im Sportwettkampf oder Lesewettbewerb und die bestandene Prüfung. Später die erste Liebe. Das Ja-Wort. Der erste Blick auf das neugeborene Kind. Die neue Wohnung oder das eigene Haus. Die so lange erhoffte Beförderung.

Das sind Momente des Glücks. In ihnen ist aber schon angelegt, dass sie nicht dauern, dass sie nicht dauern k ö n n e n. Momentanes Glück ist flüchtig. Du gewöhnst Dich an die bestandene Prüfung, die Beförderung oder den Ehepartner. Nach kurzer Zeit ist es nichts Außergewöhnliches mehr.

Zudem kommen nach einem solchen Augenblick, diesem Erleben eines Gipfels, auch wieder die Täler. Das Leben wandelt sich. Der ersehnte, begeistert begrüßte Arbeitsplatz macht zusätzlichen Stress. Der Traumpartner treibt einen zur Verzweiflung. Und wenn das Baby die Nächte durchschreit, erschöpft das erst einmal statt Seligkeit zu geben.

Zu den einmaligen persönlichen Hohepunkte gesellen sich die kleineren Momente des Glücks: Für einen Augenblick fühlst Du dich beschwingt, ja glücklich. Die Tasse Kaffee oder Tee am Morgen. Das Spiel mit den Kindern. Die fertig gestellte Steuererklärung. Der neugewonnene Kunde. Das Schwitzen nach dem Sport. Das Bad in der heißen Quelle. Der Sonnenuntergang am märchenhaften Urlaubsstrand. Du entspannst dich.

*Momentanes Glück ist flüchtig. Nach dem Gipfel müssen wieder die Täler kommen.*

Aber es sind eben nur Augenblicke, und sie vergehen wieder! Wie schnell sirrende Stechmücken den Traumstrand zum Horrorplatz machen können, haben sicherlich schon einige erlebt.

Im Kontrast mit den Niederungen leuchten einmalige Gipfelmomente besonders. Da wurde Usain Bolt eine Legende, weil er in zwei Olympiaden hintereinander als erster (und vermutlich letzter) Mensch jeweils eine Goldmedaille im 100- und 200-Meterlauf gewonnen hatte. Ist ein glücklicherer Moment denkbar?

Und auch in dieser Sekunde weiß er, was danach kommen m u s s. Der Abstieg ins Tal wartet. Das Nachlassen der eigenen Ausnahmekräfte. Der Kampf gegen die Schwäche. Die ersten Niederlagen gegen Jüngere. Deren Triumpf.

Die Medien, die einen Star erst in den Himmel hoben, werden herzlos und spöttisch. Ist seine Zeit vorbei? Warum ist er nicht würdevoll am Höhepunkt abgetreten?

Da war jemand ein Held, heraus gehoben und verklärt. Wäre er in diesem Moment zurückgetreten oder – besser noch – hätte er einen tödlichen Unfall erlebt, dann wäre er in unserem Gedenken übermenschlich geworden.

Aber niemand hört an diesem Höhepunkt auf. Da ist jemand weiter ehrgeizig, sonnt sich gern im Ruhm, braucht vielleicht das Geld, ja möglicherweise hat er wirklich Freude an seinem Sport – alles menschlich nachvollziehbare Gründe. Doch beim Abstieg in die Täler erntet er Verachtung. Denn er zeigt, dass er doch wie wir alle dem Alter und Verfall unterworfen ist. Du bist also doch auch nicht anders als wir! Das Publikum

*Helden müssen am Höhepunkt sterben,*
*um für uns übermenschlich zu werden.*

ärgert sich darüber und erfreut sich gleichzeitig daran. Lance Armstrong hatte sieben Mal das härteste Radrennen der Welt, die Tour de France gewonnen. Wie muss es für ihn gewesen sein, als er im August 2012 – gedopt oder ungedopt - an einem 36 Meilen Mountain Bikerennen in Colorado teilnahm und Zweiter wurde? Erster wurde der 16-jährige Keegan Swirbul.

Du kannst an Deiner „Glückskompetenz" arbeiten und lernen, wie Du glückliche Momente fassen kannst. Was musst Du denken, mit wem musst Du Dich messen, um glücklich zu sein? Anstatt Dich mit dem Millionär im Fernsehen zu vergleichen (macht unglücklich), schaust Du lieber zum krebskranken Nachbarn. Und schon bist Du zufriedener!

Du kannst auch träumen und Dich wegbeamen aus der alltäglichen Misere. In Deinen Phantasien magst Du schwelgen von dem Glück, das auf Dich wartet. Du kannst Dir Ziele setzen, die Du dann eisern verfolgst. Wenn endlich der Kredit abbezahlt ist oder die Traumfrau bzw. der Traummann gefunden ist. Dann!!

So magst Du lange und ausdauernd aus der Gegenwart fliehen. Aber irgendwann holt Dich der Boden doch ein. Du hast das Ersehnte erreicht – und brauchst nach kurzer Verschnaufpause das nächste Ziel, den nächsten Traum.

Was ist ein Glück, das dauern könnte? Tun wir einmal so, als ob es das geben könnte!

Ist es ein innerer Friede, der nicht wirklich gestört wird durch die wechselhaften Ereignisse des Lebens?

Ist es Lebensfreude, die so tief reicht, dass sie alles umfasst, was das Leben enthält?

*Du kannst auch träumen und Dich wegbeamen aus der alltäglichen Misere.*

Ist es ein einfaches vollständiges „Ja" dazu, lebendig zu sein?

Ist es wie ein inneres Lächeln, das bleibt - unabhängig von allen äußeren Lebensumständen? Vielleicht gar nicht von außen sichtbar.

Keiner wird es für Dich definieren können. Wenn überhaupt, dann kannst Du es nur im eigenen Inneren finden.

*Ist es wie ein inneres Lächeln, das bleibt –*
*unabhängig von den Lebensumständen?*

# 1. Glück sprengt Deinen bisherigen Rahmen

Unglück hat einen unschätzbaren Vorteil: Es ist Dir vertraut. Und wir alle suchen das Vertraute und Gewohnte. Das Bekannte gibt uns Sicherheit, eine besondere Form der Geborgenheit.

Vielleicht kennst Du die Geschichte vom Sorgenbaum. Mir hat sie jemand als alte jüdische Geschichte berichtet.

Am Jüngsten Tag treffen sich die auserwählten Toten vor einem großen Tor. Ihr Leben lang haben sie alles klaglos erduldet, haben an Gott geglaubt und gegen die Sünde gekämpft. Endlich kommt die Belohnung!

Jeder schleppt auf der Schulter ein großes Bündel an Leid und Sorgen, all das, was er während seines Lebens ertragen hat. Der Wächter am Tor heißt sie willkommen: „Nun könnt ihr bald alle eure Mühen abladen. Ihr seid die Gesegneten, die es wirklich verdient haben! Da hinten in der Ferne steht der Sorgenbaum. Dort an den Ästen könnt ihr alles aufhängen und dann sei ihr frei!"

Die erste Gruppe zieht sofort los in Richtung Baum und Befreiung. Mühsam schleppt sie sich den Weg entlang. Unterwegs klagt jeder den anderen sein außerordentliches Leid, jammert ein letztes Mal über all das, was er Schreckliches durchgestanden hat und wie ganz besonders schlimm gerade ihm es ergangen ist.

Endlich sind sie am Baum angelangt und jeder hängt sein Sorgenbündel an einen der Äste. Wie um Tonnen erleichtert wollen sie sich nun den himmlischen Freuden widmen. Doch

*Bekanntes Unglück verschafft uns eine besondere Form der Geborgenheit.*

als sie loslaufen, stoppt sie der Wächter, der mitgekommen ist. „Eine kleine Einschränkung gibt es noch. Leider könnt ihr nicht einfach weggehen und alles zurücklassen. Sonst findet die nächste Gruppe ja keinen Platz, um ihre Sorgen aufzuhängen. Das sehr ihr sicher ein. Aber jeder von euch darf sich ein anderes Bündel aussuchen, das allerleichteste, das er findet, und das kann er mitnehmen."

Nachdem der erste Schock über diese Nachricht verdaut ist, fängt jeder an, um den Baum herumzugehen und alle Bündel mit ihrem Inhalt genau zu studieren. Damit er wirklich das leichteste bekommt! Schließlich hat jeder eines gefunden und sie ziehen weiter.

Und – wie durch ein Wunder: Jeder hat sein eigenes wieder mitgenommen.

Wir mögen leiden, jammern und klagen. Aber vertrautes Unglück lässt man nicht so leicht los. Das Andere, das Neue – und sei es noch so vielversprechend! – kennen wir nicht, es fühlt sich „fremd" an und davor schrecken wir zurück.

So richten wir uns in einer persönlichen, individuellen Komfortzone von Glück und Unglück ein. Geraten wir außerhalb dieses Rahmens, dann tun wir erst einmal alles, um wieder zurück in den vertrauten Bereich zu gelangen. Wie viel Glück hältst Du aus? Dauerhaft wohlgemerkt!

Nehmen wir eine Glücksskala, die bei 0 = völliges Unglück und Depression beginnt und bei 100 = absolute Glückseligkeit endet.

Jeder hat eine Zone, in der er sich überwiegend bewegt. Der eine vielleicht zwischen 30 und 50, ein Glücklicherer vielleicht zwischen 40 und 65. Ein Unausgeglichener mag beständig zwischen 75 und 25 pendeln. Ja, man könnte

*Wir mögen leiden, jammern, klagen –*
*ohne vertrautes Unglück loszulassen.*

sich einen Durchschnittswert der letzten Woche errechnen. 34 zum Beispiel oder vielleicht 47.

Natürlich kommen durch besondere Ereignisse auf der Skala Ausschläge vor. Ein Unfall mag auf 20 oder vielleicht sogar 10 hinunterführen, ein überraschendes Geschenk hinaufbringen auf 70 und mehr.

Dauerhaftes Glück – sagen wir einen Durchschnittswert von 90 oder 95 – sprengt das Korsett, an das wir uns so gut gewöhnt haben. Es wäre unheimlich, fast erschreckend. Bin ich dann wirklich noch ich selber?!

Stell Dir vor, Du hast aus Jux, weil die Ausschüttsumme gerade so riesig hoch ist, einen Lottoschein ausgefüllt. Deshalb schaust Du Dir auch ausnahmsweise die Ziehung der Lottozahlen im Fernsehen an. Und – Du packst es fast nicht – genau Deine Zahlen werden gezogen; 3, 17, 25, 28, 29, 45!

Erst kannst Du es nicht glauben, musst es mehrmals überprüfen, bis es dann wirklich in Dein Bewusstsein dringt: Ja, es stimmt! Du hast den Jackpot gewonnen. Du bist vielfacher Millionär. Alle Wünsche kannst Du Dir jetzt erfüllen, alles Dir leisten, was Du so lange als unerfüllbar abhaken musstest. Wirklich alles!!! Ein seliger Moment von 100 auf der Glücksskala.

Wirst Du von nun an immer glücklich sein? Oder zumindest glücklicher als Du vor dem Gewinn warst?

Bedauerlicherweise nein. Über Lottogewinner und ihr zukünftiges Glück ist schon eingehend geforscht worden. Denn natürlich ist der Normalsterbliche neugierig, welche Wirkung ein Millionengewinn hat.

Das Ergebnis der Untersuchungen und Befragungen ist: Das Glück hält nicht lange, nur drei bis höchstens sechs

## *Würde Dich ein Lottogewinn dauerhaft glücklicher machen?*

Monate. Dann hat sich der normale Gewinner wieder auf sein vorheriges Glücksniveau eingependelt.

Von der dauerhaften Seligkeit mögen viele träumen. Aber das ist nicht ihr wirkliches Glücksniveau. Zu viel Glück verstört! Deswegen steuern wir automatisch und instinktiv dagegen. Das gewohnte Unglück zu haben bzw. die richtige Mischung, das beruhigt.

Die moderne Gehirnforschung macht dieses Ergebnis plausibel. Gewohnheiten haben eine große Kraft und Anziehung. Denn die Bahnen im Gehirn, die Du häufig benutzt, werden stärker. Dein gewohntes Maß an Unglück ist wie eine befahrene Straße, die jedes Mal, wenn sie befahren wird, stabiler wird und ein Stück mehr in den Vordergrund rutscht. Ganz automatisch wird sie immer wieder benutzt – und dadurch noch mehr gestärkt.

Vom Glück phantasieren ist in Ordnung. Du magst Dir den neuesten Glücksratgeber kaufen, ihn begeistert durchschmökern und viele gute Vorsätze fassen. Das stört Deine Gewohnheiten noch nicht. Denn im Alltag wirst Du ganz automatisch dafür sorgen, dass Du Dich an Deinen gewohnten Rahmen von Glück und Unglück hältst.

Wer kann oder will schon die ständig befahrene und benutzte Autobahn verlassen, wenn die Alternative ein kaum benutzter unwegsamer Trampelpfad ins Ungewisse ist?!

**Fazit:** Bleib in Deinem gewohnten Rahmen von Glück und Unglück. Den kennst Du, und deshalb fühlst Du Dich hier sicher. Zu viel Glück verstört! Deswegen ist es besser bei dem Dir Vertrauten zu bleiben.

*Zu viel Glück verstört.*
*Deswegen steuern wir instinktiv dagegen.*

# 2. Glück lässt Dir Deine Mängel und Schwächen

Darf jemand überhaupt glücklich sein, der mangelhaft ist? Ein Faulpelz? Ein Freak? Ein Schlamper? Vielleicht sogar ein Sünder?

Tugenden und Untugenden sind unter den Menschen ungleichmäßig verteilt. An beiden Polen gibt es die Ausnahmeerscheinungen. Auf der Seite der Tugend eine Mutter Teresa als Vorbild für Nächstenliebe und Aufopferung. Am Gegenpol der Untugend findet sich dann jemand wie Adolf Hitler. Aber selbst die Tugendhaftesten haben kleine Mängel und Schwächen – ich hoffe, ich trete mit dieser Behauptung Mutter Teresa nicht zu nahe –, genau wie Sünder und Verbrecher ein paar wenige gute Eigenschaften haben. Selbst Hitler mochte seinen Schäferhund und kümmerte sich um seine Verwandten.

Zwischen diesen extremen Gegensätzen erstreckt sich das breite Mittelfeld, in dem wir Normalsterbliche uns tummeln. Weder ein Muster an Vortrefflichkeit noch ein abschreckendes Beispiel für das Laster. Also ein buntes Gemisch aus Tugenden und Untugenden.

Wenn wir uns selbst beurteilen, rücken dabei mehr die guten Seiten in den Vordergrund, Die negativen Züge nehmen wir eher bei anderen wahr, beim Partner, den Kindern, Nachbarn und Mitarbeitern. Wenn uns schließlich doch eine ungute Eigenschaft bei uns auffällt, wehren wir sie ab und versuchen sie nach Kräften zu unterdrücken – oder zu übersehen.

*Der Normalsterbliche ist ein buntes Gemisch aus Tugenden und Untugenden.*

Darfst Du glücklich sein als der fehlerhafte Mensch, der Du bist? Oder musst Du vorher all Deine Schwächen ausgemerzt haben? Damit Dein Glück auch wirklich verdient ist?

Musst Du fürs Glück ein guter Mensch sein?

Denn machen nicht nur die selbstlosen Taten wirklich glücklich? Ist nicht die sich für ihre Patienten aufopfernde Krankenschwester glücklicher als der erfolgreiche, skrupellose Spekulant? Opfer finden doch ihren Lohn!

Wir wissen es aber nicht, können es von außen her gar nicht beurteilen. Wir ziehen natürlich die Krankenschwester vor. Aus moralischen Gründen. Wenn sie das Glücks-Los zieht, ist das „politically correct".

Doch entscheidend ist, was hinter der jeweiligen Fassade liegt. Die dort versteckten inneren Zwänge, Spannungen, Antreiber und Dämonen entscheiden über das persönliche Maß an Glück – nicht die Urteile anderer über die äußeren Taten.

Umgekehrt wird eher ein Schuh daraus: Glück führt zur Tugend. Wer glücklich ist, freut sich am Leben. Er will diese Freude teilen. Wie kann er da wollen, dass – absichtlich oder unabsichtlich – anderen wegen seiner Handlungen leiden?! Der Mensch ist ein soziales Wesen. Er hilft seinen Kindern, Freunden und wildfremden Menschen, die in Not sind. Es wärmt sein Herz, wenn es anderen gut geht. Dafür kann er viele Opfer bringen und eigene Bedürfnisse ganz weit zurückstellen.

Das ist wie ein Wechselspiel von Geben und Nehmen. Wenn Du gern gibst, nährt das Dein Glück. Das Glück der anderen spiegelt sich zurück in Dir.

*Nicht angestrengte Tugend führt zu Glück, sondern Glück führt zur Tugend.*

Gleichzeitig ist dann, wenn Du glücklich bist, die Welt für Dich gut genug so wie sie ist. Du hörst auf mit dem Anspruch, die Welt besser machen zu wollen. Natürlich ist die Welt unvollkommen – und sie wird unvollkommen bleiben.

Du tust dein Bestes – das was Dir entspricht, so wie jeder andere es auch tut. Das Glück, das dadurch kommt, ist ein natürlicher Bestandteil Deines Wesens, der Dufthauch, der es umspielt, wenn Du entspannt ganz und gar mit Dir zufrieden bist – so wie Du bist.

Merkst Du, wie sich etwas in Dir gegen solche Aussagen wehrt? Sollten etwa viele Deiner bisherigen Mühen und Anstrengungen sinnlos gewesen sein? Eine bloße Selbstquälerei?! Nein – einer solchen Unterminierung Deiner Arbeit an Dir selbst widerstehst Du. So einfach lässt Du Dir Deine Maßstäbe nicht auf den Kopf stellen. Dann lieber unglücklich bleiben!

Denn uns ist in Fleisch und Blut übergegangen, dass nur vorbildliche und tugendhafte Menschen das Recht haben, glücklich zu sein.

Dabei blickt jeder auf eine lange persönliche Geschichte zurück. „Räum Deine Kleider auf!" „Sei nicht so egoistisch, sondern teil Deine Spielsachen!" „Mach erst Deine Schularbeiten!" „Hör auf, eingeschnappt zu sein!" Solche Regeln sind uns über lange Jahre eingetrichtert worden. Wenn wir dem folgten und brav waren, sind wir als Kind gemocht und gelobt worden. Dann fühlten wir uns geborgen und waren glücklich.

Die ernüchternde Botschaft für den Erwachsenen heute jedoch lautet: Solange Du weiter dem alten Auftrag folgst,

## *Haben nur tugendhafte Menschen das Recht, glücklich zu sein?*

ein besserer Mensch zu werden, wirst Du nicht wirklich glücklich sein.

Denn das Glück, das hier gemeint ist, gibt es nur für die Fehlerhaften, die den Feldzug gegen ihre Fehler beendet haben. Sie müssen ihre Fehler nicht lieben, aber mit ihnen in Frieden kommen.

Glück will Dich ganz – mit dem Guten und dem Schlimmen. Jenseits aller Bewertungen.

Aber ist es denn für einen intelligenten Menschen möglich, seine Fehler zu akzeptieren, nichts dagegen zu tun u n d glücklich zu sein?! Braucht es nicht die Selbsterziehung und Kultivierung? Die halbe Stunde Gymnastik oder Meditation, das Joggen? Die Selbstdisziplin angesichts der Schokolade, die Selbstbeherrschung angesichts eigener Wutanfälle?

Kann jemand glücklich sein, der fett und faul den ganzen Tag Chips essend und biertrinkend vor der Glotze liegt?! Und der dann noch die anpöbelt, die ihn dabei stören wollen. Unmöglich!

Plädiere ich also hier für sinnlose Zügellosigkeit und Unmoral? Wir brauchen doch Anstrengung und Kampf. Gegen all die Fehler und unzähligen Untugenden, die sich überall breit machen!

Doch das ist ein Denkirrtum – auch wenn Du Dich noch so sehr an die Vorstellung der Dauerbemühung gewöhnt hast, Keine Katze liegt fett und faul den ganzen Tag in der Sonne herum, es sei, sie ist von Menschen dazu verdorben worden. Trägheit, Rücksichtslosigkeit oder Ausschweifungen sind keine natürlichen Glückszustände, sondern nur der traurige Versuch eines Ersatzes.

*Glück will Dich ganz – mit dem Guten und dem Schlimmen.*

Jeder weißt eigentlich, wie zufriedenstellendes Handeln aussieht. Als kluger Mensch bemühst Du Dich, Situationen gut und besser zu gestalten. Du versuchst in Auseinandersetzungen nicht aufzubrausen und schätzt gute Beziehungen zu Deinen Mitmenschen. In Deinem Alltag willst Du insgesamt nicht zu gierig oder – als anderes Extrem – zu asketisch sein. Du weißt um den Wert Deiner Gesundheit und Du sorgst für Dich. Und im Laufe Deines Lebens lernst Du immer weiter dazu. Dieses Lernen ist natürlich, eine Art Wachstum. Es geschieht von allein. Dazu musst Du Dich nicht bemühen.

Wenn Du dich aber dauerhaft anspannst und quälst, weil Du in einem gnadenlosen, unablässigen Kampf mit Dir selbst stehst, kannst Du nicht gleichzeitig glücklich sein. Glück als Zustand ist natürlich und entspannt. Wenn Du Dich anstrengst, bist Du jedoch das Gegenteil von locker und frei. Man stelle sich den Möchtegern-Heiligen vor, der krampfhaft versucht, vorbildlich und tugendhaft zu sein. Ist so einer glücklich?

Doch leicht wird Dir Lockerheit nicht gemacht. Bist Du religiös erzogen? Dann ist Dir ein gewaltiger Begriff von Fehler vertraut: die Sünde. Sünde reicht weit über bloße Schwächen und Mängel hinaus. Es geht um Größeres. Sünder sind verdammt! In alle Ewigkeit!! Und dagegen m u s s t Du Dich mit Deinem ganzen Einsatz stemmen.

Ich, selbst katholisch erzogen, habe als Kind durch den „Beichtspiegel" erfahren, wie unrettbar unfehlbar ich bin. Denn darin sind als Sünde aufgeführt: die ärgerlichen Gedanken, die neidischen Gedanken, die unkeuschen Gedanken (ab der Pubertät besonders wichtig) und noch

*In einem unablässigen Kampf mit Dir selbst kannst Du nicht gleichzeitig glücklich sein.*

vieles mehr. Schon das kleine Kind startet als ein Sünder. Der ganze Kampf dieses jungen – und doch schon verdorbenen oder zumindest schwer gefährdeten – Wesens soll danach gehen, sündenfrei zu leben. Und weil das nicht möglich ist (wer es schon einmal probiert hat, weiß das), sind Versagen und die entsprechenden Schuldgefühle vorprogrammiert.

Es gibt folgenden Spruch über das Lernen: „Lernen ist wie Rudern gegen den Strom. Wer aufhört, wird zurückgetrieben." Der passt auch, leicht abgeändert, für die Angst beim Streiten gegen die Sünde: „Der Kampf gegen die Sünde ist wie Rudern gegen der Strom. Wer nachlässt, verfällt ihr (noch mehr)."

Die Furcht ist: Ohne die ständige Gegenwehr würde der Mensch schlecht und böse werden, sich sozusagen als kleines Ungeheuer entpuppen. Weil wohl schon im Kern ein Stück verdorben! Nur der unablässige Kampf ist ein Bollwerk, das hoffentlich stark genug ist.

Heute hat sich der christliche Begriff von Sünde aus der breiten Gesellschaft zurückgezogen. Grund zur Entwarnung? Leider nein. An die Stelle der klassischen Sünden treten die modernen. Zwar sind das nicht solche, die einen ewig in der Hölle schmoren lassen. Der Teufel, der den Sünder nach seinem Ableben in kochend heißen Töpfen mit dem Dreizack piesackt, hat sich verkleinert. Doch dafür hat er sich in den Alltag geschmuggelt. Hier peinigt er dann voll Genuss – wie eh und je. Ein andauerndes Fegefeuer!

Sünden sind heute die kleinen Verstöße gegen die Tugend. Für die einen die Tafel Schokolade während der Diät,

*Moderne Sünden lassen einen nicht in der Hölle schmoren, sondern sind ein dauerndes Fegefeuer.*

für andere (Vegetarier!) das heimlich genossene Steak, für dritte die verstohlene Suche nach Porno im Internet. Ob es das Überziehen des Kontos ist, der Spontankauf von etwas Unnützem oder der nicht gehaltene Vorsatz des Sports nach der Arbeit – das schlechte Gewissen liegt über dem Alltag wie eine lähmende Nebelwolke.

Die gezielte völlige Abtötung des Fleisches gehört der Vergangenheit an. Heute geht es um feine, permanente Überwachung und Wachsamkeit. Das Fleisch darf lebendig bleiben, aber – bitteschön! – stark kontrolliert! Wir müssen uns selbst beherrschen.

Das so unbefangen gebrauchte Wort „Selbst-Beherrschung" ist eigentlich recht mysteriös. Wer beherrscht dabei wen oder was? „Ich beherrsche mich selbst (zu wenig/gar nicht/ständig usw.)." Danach beherrscht also das (ein?) „Ich" das (ein?) „Selbst".

Was ist dieses „Selbst"? Offensichtlich kein guter Kern tief drinnen, sondern eher etwas Unberechenbares oder sogar Gefährliches. Denn dieses „Selbst" muss ja beherrscht, also wohl auch unterdrückt werden, nicht etwa freundlich angeleitet oder liebevoll ermahnt.

Wer soll die Kontrolle darüber haben? Offensichtlich jemand, der es besser weiß als das (dumme?) Selbst, jemand, der erfahrener und klüger ist. Nach dem obigen Satz ist es das „Ich". Wie haben wir dieses besserwissende „Ich" erworben? Warum ist es so schlau?

Wem fühlst Du Dich eigentlich persönlich näher – dem „Ich" oder dem „Selbst"? Meint Freud vielleicht mit dem „Über-Ich", das das „Es" kontrolliert, etwas Ähnliches? Fragen über Fragen …

## *Wenn Du Dich selbstbeherrscht – wer beherrscht dann wen?*

Norbert Elias beschreibt in seinem grundlegenden Werk „Über den Prozess der Zivilisation", wie sich die Menschen vom Mittelalter an immer stärker selbst beherrschten. Ein gutes, „höfisches" Benehmen der Adeligen setzte sich zunächst über die Kontrolle von außen durch. Irgendwann brauchte es den äußeren Druck nicht mehr, es wurde zum Selbstzwang, zur Selbstkontrolle. Eine innere Instanz hatte übernommen.

Diese Instanz kennen wir alle gut. Zivilisiert-sein heißt: selbstbeherrscht sein. Nur wenn Du Dich selbst beherrscht, wirst Du zum Mitglied der Gesellschaft, ein Teil der menschlichen Kultur.

Erschöpft sich Kultur darin? Ist das sozusagen der Gipfel der menschlichen Entwicklung? Dass jemand dauerhaft die Rolle seines eigenen permanenten Überwachers und Erziehers verkörpert? Und so glücklich wird? Oder vielleicht doch nur angepasst?

Es ist gut, den Blick zu weiten. Die als Kind erlernte Selbstbeherrschung bildet nur den Sockel eines Fundaments, das beim Erwachsenen zu einer mehr oder weniger selbstverständlichen Grundlage geworden ist. Das gesellschaftlich Lebensnotwendige ist jetzt verinnerlicht. Du gehst nicht ohne Kleider vor die Haustür, Du isst im Restaurant mit Messer und Gabel und wenn im fließenden Verkehr die Ampel auf „Rot" schaltet, tritt Dein Fuß automatisch auf die Bremse. So weit so gut.

Aber auf diesem Fundament empfindest Du (noch) keine Freiheit. Denn Du entfaltest Dich nicht in blühender Lebendigkeit, sondern stehst da angespannt, ja bisweilen versteinert. Dein Selbstzwang hat sich verselbständigt und

*Auf dem Fundament der Selbstbeherrschung empfindest Du noch keine Freiheit.*

treibt Dich weiterhin an. So als ob er ein Wert an sich wäre.

Das aktuelle Wort „Selbstoptimierung" bringt es auf den Punkt. Es ist die Suche nach Perfektion und Exzellenz. Was dem im Weg steht, soll ausgemerzt werden. Mängel und Schwächen? Gegen die gilt es streng und unablässig anzukämpfen.

Glück erlangst Du auf diese Weise nicht. Ja, kurzzeitige Zufriedenheit, wenn Du Dich wieder einmal erfolgreich geknutet hast, aber die Rückschläge zeichnen sich schon am Horizont ab. Du bleibst angespannt.

Glück erfährst Du, wenn Du den Mut aufbringst, Deinen Schwächen zu folgen. Oder genauer noch: Dich auf das einzulassen, was Du als Deine Schwächen bezeichnest.

In einer Art Gehirnwäsche hat man Dir beigebracht: Wenn Du Dich auf die eine Weise verhältst (z. B. schnell, ehrgeizig usw.) bist Du richtig und wenn Du anders bist (z. B. langsam, antriebslos), bist Du falsch. Es sind gesellschaftliche Werte, wie man erfolgreich wird, angesehen und beliebt. Wie man seinen Platz im Leben und in der Gesellschaft findet.

Du hast diese Werte verinnerlicht und deshalb erstrebst Du das, was Dir als positiv beigebracht worden ist und versuchst das andere auszurotten. Je radikaler Du hier wirst, desto mehr gehen Spontaneität, Freude, Lebendigkeit und Liebe verloren.

Dabei Du bist so viel mehr als der stromlinienförmige Automat, zu dem Dich Dein Selbstzwang heute zu machen sucht. Ein großer Teil Deiner Lebendigkeit blüht in den Seiten Deines Wesens, die Du ablehnst hast. Deine Vitali-

*Deine Lebendigkeit blüht in Seiten Deines Wesens, die Du ablehnst.*

tät wohnt in Deinen „Fehlern" und „Schwächen" und kann sich nur daraus wieder entfalten.

Es ist nicht schwer, diesen Lebensfunken anzupusten. Bring ab und zu den Mut auf, gegen den inneren Erzieher zu handeln, indem Du neugierig einem spontanen Wunsch oder Impuls folgst. Nicht als trotzige, verbissene Rebellion, sondern als wissbegieriges Experimentieren und Vorwärtstasten in Neuland.

Bremse Dich immer wieder einmal dabei, etwas zu tun, wogegen Du einen Widerwillen verspürst – selbst wenn er nur leicht ist. Unlust ist ein Indiz, dass Deine Lebensfreude Dich wo anders hinführen möchte.

Aus den Erfahrungen, die Du so mit Dir machst, lernst Du. Natürlich geht manchmal etwas schief. Das abgedroschene „no risk – no fun" passt hier eigentlich ganz gut. Innerlich entspannst Du dabei. Der Kampf mit Dir selbst hört allmählich auf. Du kannst mehr und mehr Deiner Spontaneität und Deinen Impulsen vertrauen. Glück tritt dann als fast unbemerkter Begleiter ganz von allein in Dein Leben.

Allerdings ist dieses Glück subversiv. Denn es unterminiert Deine Anstrengungen und die Anstrengungen der Gesellschaft, Dich zu kontrollieren. Wenn Du Frieden mit Deinen Mängeln und Schwächen schließt, steigst Du diesem Spiel aus.

Und es hätte noch weitere Konsequenzen. Stell dir vor, Du sagst „Ja" zu Deinen Fehlern. Wie könntest Du dann noch streng andere Menschen kritisieren und ihre Mängel bekämpfen? Du magst es natürlich immer noch nicht, wenn einer seine Verabredung mit Dir vergisst. Du ziehst

*Glück tritt in Dein Leben, wenn Du mehr Deiner Spontaneität vertraust.*

es immer noch vor, wenn andere Menschen höflich und rücksichtsvoll sind. Aber wenn das Gegenteil geschieht, dann bleibst Du mehr oder weniger entspannt. Mängel gehören dazu. Du vergisst nicht, dass wir alle menschlich sind. So gibst Du Deinen Schwächen und den Schwächen anderer Menschen kein entscheidendes Gewicht mehr.

> **Fazit:** Du solltest Deinen Kampf gegen Deine Fehler und Schwächen aufgeben, um glücklich zu sein? Das ist zu riskant. Vielleicht wirfst Du dann Bomben oder verlotterst mit der Flasche in der Hand in der Gosse. Deine Vernunft steht – gottseidank! – da wie der Engel mit dem Flammenschwert und hält Dich davon ab.
> 
> Du willst doch – wie jeder andere auch – dazugehören. Niemand möchte wirklich Außenseiter in der Gesellschaft sein, jeder sucht einen sicheren Platz.
> 
> Lass deshalb auf keinen Fall nach in Deinem Bemühen, ein besserer und erfolgreicherer Mensch zu werden! Glaube daran, dass Du erst dann glücklich sein darfst, wenn Du das erreicht hast. Bis dahin streng Dich an!!

## *Glaubst Du daran, dass Du erst dann glücklich sein darfst, wenn Du ein guter Mensch bist?*

# Notizen

# 3. Glück braucht Dich verletzlich

Das Leben packt niemanden in Watte, geschweige denn in stoßfestes Styropor. Insbesondere nicht am Anfang!

Damals als Babys waren wir ganz und gar angewiesen auf das Wohlwollen und die Fürsorge anderer, denn jedes Neugeborene ist völlig hilflos und ausgeliefert.

Du warst offen, so wie alle anderen Baby. Denn wir kommen auf die Welt als sehr dünnhäutige Wesen. Es gab in Dir noch keine innere Barriere gegen die zentralen ursprünglichen Gefühle. Hunger und Warten auf die Brust löste einen Schreianfall aus, der wie Todesangst war. Ein kleines Bauchweh wurde zur totalen Qual, die nasse Windel zur Folter. Und ein Anlächeln oder Kitzeln konnte zur völligen Glückseligkeit führen.

Babys haben keine Schranke, die überwältigende Gefühle abpuffern. Deswegen erleben sie glückliche Momente rückhaltlos. Wenn sie jubeln, vibriert jede Zelle ihres Körpers vor Freude. Und genauso intensiv erleben sie unglückliche Momente. Angst oder Schmerz sind für das Baby und Kleinkind fast unerträglich, der reine Terror.

Aber war nicht die Kindheit die unbeschwerteste und glücklichste Zeit unseres Lebens? Der ehemalige Papst Benedikt erzählt auf dem Weltfamilientreffen 2012 einem kleinen Mädchen: „Ich stelle mir vor, dass es im Paradies so sein wird, wie es in meiner Jugend war, in meiner Kind-

*Wir kommen auf die Welt als sehr dünnhäutige Wesen.*

heit. In dieser Umgebung des Vertrauens, der Freude und der Liebe waren wir glücklich."

Kann die Kindheit wirklich dieses reine Paradies gewesen sein? In der Erinnerung vieler Menschen vielleicht schon. Die unglücklichen Momente der Kindheit werden vergessen, die glücklichen aber erinnert und als dauerhaft verklärt. Nur deshalb kommt es zu dem Mythos von der seligen Kinderzeit.

Die guten Momente haben Dich damals jubeln lassen und schlimme haben Dich in die Hölle gestürzt. Weil das Schmerzhafte auf Dauer unerträglich war, hast Du – wie wir alle – gelernt, Dich zu verschließen und einen festen Panzer zuzulegen. Wer weniger fühlt, der leidet weniger. Schmerzen, die andere aus der Bahn werfen, können ihm nichts anhaben. An einer soliden Rüstung kann dann fast jeder Pfeilhagel abprallen.

Extreme Beispiele zeigen Allgemeingültiges in einer zugespitzten Form. Da muss die kleine zweijährige Lisa für einen Monat in ein entferntes Krankenhaus. Die Eltern können es nicht besuchen. Die Trennung ist für Lisa schrecklich. Als die Mutter geht, schreit sie voller Sehnsucht verzweifelt nach ihr. Denn bei ihr hat sie bisher immer Schutz und Sicherheit gefunden. Doch jetzt verschwindet sie und sie kommt auch nicht zurück – ein Schock für das kleine Mädchen. Das Schreien verwandelt sich in ein Wimmern und verstummt irgendwann. Lisa ist erschöpft und zieht sich in sich zurück, um sich so vor dem unerträglichen Gefühl der Verlassenheit abzukapseln.

Nach dem Krankenhausaufenthalt kommt Lisa wieder

*Weil das Schmerzhafte unerträglich war, hast Du als Kind gelernt, Dich zu verschließen.*

nachhause und sieht die Mutter das erste Mal wieder. Statt sich unbändig zu freuen, bleibt sie seltsam emotionslos. Die frühere spontane Liebe und Zuneigung scheinen verschwunden.

Was ist geschehen? Lisa hat den Schmerz und damit auch die Sehnsucht nach der Nähe zur Mutter abgeschnitten. Der spontane Impuls hin zur Mutter ist jetzt unterdrückt. An der Oberfläche kann die Beziehung normal weitergehen – und trotzdem fehlt irgendetwas.

Zu einer solchen elementaren Störung in der Beziehung kommt es immer wieder bei Kindern, die in den ersten drei Lebensjahren von der Mutter über längere Zeit getrennt waren. Diese Erfahrung hat Konsequenzen auch für die späteren Beziehungen von Lisa. In einer Partnerschaft sucht sie wie wir alle dann die Nähe des anderen, des geliebten Mannes oder der geliebten Frau. Aber wenn bei Lisa der andere wirklich näher rückt, dann taucht in ihrem Inneren wieder die weggesperrte frühe Erfahrung auf. Tief drinnen existiert immer noch der Zwiespalt zwischen der Sehnsucht nach Nähe und der Enttäuschung der Zweijährigen mit all dem damit verbundenen Schmerz.

Diese alte Spannung ist zu viel – und deswegen setzt in der Gegenwart automatisch und instinktiv eine Gegensteuerung gegen zu viel Nähe ein. Irgendwie gelingt es, die aufkommende Intimität wieder zu stoppen. Eine flapsige Bemerkung, ein kleiner oder größerer Streit oder irgendein anderes Störmanöver helfen Lisa, die Gefahrenzone zu verlassen.

Die frühe Erfahrung war: die Mutter ist gegangen. Unbewusst erreicht Lisa durch ihr Verhalten, dass sie diese Erfahrung wiederholt. Wie muss sie den anderen provo-

*Wenn der andere nahe kommt, tauchen im Inneren wieder weggesperrte frühe Erfahrungen auf.*

zieren, dass er geht oder sich zurückzieht? Die Ablehnung ist als Erinnerung gespeichert und wird deshalb wie automatisch erwartet. Damit darf auch ein Teil des alten Schmerzes wieder lebendig werden – ein Stück der Vergangenheit wiederholt sich auf der Bühne der Gegenwart.

In Lisa ist nach wie vor die Sehnsucht nach Nähe, Geborgenheit und Halt wach. Doch das Urvertrauen, es auch wirklich zu bekommen, hat sie ein Stück weit in der Kindheit verloren. Und so provoziert sie Jahrzehnte später die befürchtete Ablehnung, die von einem alten Teil ihrer Persönlichkeit erwartet wird.

Nähe und Distanz und dann wieder Annäherung können sich endlos im Kreis drehen. Nicht als ein natürlicher, gern akzeptierter Rhythmus, sondern als eine immer wieder von neuem schmerzhafte Erfahrung.

Wenn sie sich auf Nähe einlässt, begegnet sie dem alten Schmerz, muss durch ihn hindurch, um ihn dann hinter sich lassen. Es führt kein Weg daran vorbei.

Wie im Zeitraffer zeigt das die Sitzung von Lisa, die ihren frühen Trennungsschock in einer Therapie verarbeitet. Nach einer längeren Vorbereitung kommt eine entscheidende Stunde. Dabei setzt die Therapeutin sich Lisa gegenüber und bittet sie, sich innerlich zurückzuversetzen in ihre Kindheit zu dem Zeitpunkt, als sie zwei Jahre alt war und im Krankenhaus zurück gelassen wurde.

Lisa braucht eine Weile, dann tauchen schwach Erinnerungen an die damaligen Gefühle auf. Nun fordert die Therapeutin Lisa auf, sich vorzustellen, sie säße vor ihrer Mutter. Jetzt soll Lisa die Arme nach ihr ausstrecken und „bitte" sagen. Dabei übernimmt die Therapeutin die Rol-

*Nähe und Distanz und dann wieder Annäherung können sich endlos im Kreis drehen.*

le der Mutter. Die Arme auszustrecken und dieses „bitte" sind so qualvoll für Lisa! Plötzlich geschieht ein Zeitsprung zurück in die Vergangenheit. Die Enttäuschung und der Schmerz stecken noch so tief!

Langsam, ganz langsam, nur unter Tränen mit Anzeichen von großem innerem Leiden kommt dann irgendwann ein zaghaftes, schluchzendes „bitte". Die Arme sind wie einstmals im Krankenhaus nach der Mutter ausgestreckt. Damals war es vergebens. Doch dieses Mal nimmt die Therapeutin als Stellvertreterin der Mutter die Klientin in die Arme und hält sie fest. Lisa klammert sich an. Endlich kann sie die Bewegung vollenden, die damals abriss.

Manchmal braucht es für diese Annäherung mehrere Sitzungen. Damit wird die Vergangenheit nicht ungeschehen gemacht. Und dennoch ist es, als ob durch einen solchen Schritt alte Wunden heilen.

Etwas von Lisas Zwiespalt steckt in vielen von uns. Da wohnt versteckt noch die Sehnsucht nach der Geborgenheit der Kindheit, ein Traum, den damals die Mutter erfüllen sollte. Aber irgendwann kam die Zeit, wo es zu frustrierend, zu schmerzhaft war, die Arme nach ihr auszustrecken, das riesige Verlangen spüren und rückhaltlos „bitte" zu sagen.

Wenn eine solche Sehnsucht noch in Dir schlummert, dann begegnest Du ihr heute am stärksten in Deinen Liebesbeziehungen. Dort triffst Du auf die alten Wunden. Damals war es richtig, das Unerträgliche abzuspalten, und es war das Einzige, was ein Kind tun kann. Der Erwachsene heute hat die Kraft, dem Frust, der Enttäuschung, der Traurigkeit, der Wut noch einmal ins Auge zu schauen.

*In Liebesbeziehungen begegnest Du am stärksten Deinen alten Wunden.*

Nicht indem er sich überfluten lässt von der Vergangenheit, sondern indem er dem damals Erlebten in sich bewusst Raum gibt.

Aber damit bist Du noch nicht ganz in Deiner Tiefe angelangt. Jenseits von Deinen Verletzungen existiert eine Wunde ohne Boden, „the primal wound", wie die spirituelle Lehrerin Gangaji sie nennt. Jeder vermeidet nach Kräften, diese Urwunde zu spüren. Wenn Du Dich ihr öffnest, wirst Du irgendwann einen essentiellen Schmerz finden, ein Leiden, das zum Menschsein gehört, jenseits all der konkreten Erfahrungen. Es zu akzeptieren, ist kein einmaliger Willensakt, sondern ein Weg, auf dem sich allmählich mehr und mehr die verborgene Abwehr löst.

Wir sind in diese Welt geworfen, werden allein geboren und werden allein sterben. In der Zwischenzeit wandelt sich alles und vergeht. Nichts bleibt, es gibt keinen sicheren Halt. In unserem Leben finden wir uns in einem Körper wieder, der uns in seiner Form einengt und festlegt. Keiner hat auf uns als das Wesen reagiert, das wir in unserem Kern sind, sondern nur auf das, was wir darstellen und „verkörpern".

Das war und ist nicht die persönliche Schuld unserer Eltern oder unserer Umwelt. Jeder Mensch – der andere – ist und bleibt im Wesenskern unfassbar und unerreichbar. So unfassbar, wie wir uns selbst erleben, wenn wir versuchen, uns zu begreifen. Zwar suchen wir dauerhafte Verbindung und Verbundenheit zu anderen, doch immer wieder scheitern wir.

Nicht umsonst ist der leidende Christus am Kreuz ein Symbol, das sich über die ganze Welt verbreitet hat und

*Jeder Mensch ist und bleibt im Wesenskern unfassbar und unerreichbar.*

anscheinend jenseits aller konkreter religiöser Ideen Anziehung entfaltet.

Wenn Du glücklich sein willst, nimmst Du den Schmerz an und erlaubst ihn. Rückhaltlos. Ohne ihn zu begründen oder ihm einem Namen zu geben. Er mag wie ein Strudel scheinen, der Dich nach unten ziehen will und vor dem Du Angst hast. Du gibst ihm nach. Du gibst auf.

Auf seinem Grund begegnest Du dem, was Dein Leben ausmacht. In der Mitte des Strudels ist es still. Es ist das Gleiche, dem Du in Deinem Glück begegnest. Ohne den Schmerz kannst Du nicht Dein Glück finden.

Wenn Du vernünftig bist – diese Hoffnung habe ich bei den Lesern dieses Buchs! –, sträuben sich Dir bei derartigen Sätzen alle Nackenhaare. Freiwillig Schmerz zulassen und spüren? Da soll Glück finden zu sein? Du bist doch kein Masochist!

Glück jedoch braucht Verletzlichkeit. Denn Glück will Dich offen – für alles. Glück ist lebendig und atmet. Zum Glück gehört ein pulsierender Körper, in dem jede einzelne Zelle vibriert. Ein Glück, das nur im Kopf stattfindet, ist eng und begrenzt, halbtot.

> **Fazit:** Du hast einen Panzer? Gut so! Damit bist Du sicher! Vielleicht fühlst Du Dich darin ein bisschen einsam. Aber dafür kann Deine dünne Haut darunter nicht verletzt werden. Keine Schnecke will ihr Haus verlassen, keine Schildkröte ihr Schild aufgeben. Mach Deinen Schutzpanzer

*Ohne den Schmerz kannst Du nicht Dein Glück finden.*

immer dicker – dann kann Dir nichts passieren. Glück ist den damit verbundenen Schmerz nicht wert.

Es macht auch keinen Sinn, in den eigenen Keller hinabsteigen, Gespenster der Vergangenheit zu begrüßen, nur um – vielleicht (!) – irgendwann glücklich zu sein. Wer vernünftig ist, vermeidet Schmerz!

*Mach Deinen Schutzpanzer immer dicker – dann kann Dir nichts passieren.*

# 4. Glück nimmt Dir Deinen alten Ärger und verbindet Dich mit Deiner Kraft

Glück und alter Ärger vertragen sich nicht. Sie sind wie Feuer und Eis. Wer glücklich sein will, muss den Ärger der Vergangenheit loslassen.

Nichts gegen Wut, Zorn und Ärger! Grundsätzlich sind es gesunde Emotionen, die uns nützen. Die reinste und ursprüngliche Form von Aggression erleben wir, wenn unser Leben bedroht ist. Adrenalin schießt durch die Adern, das Herz schlägt schneller, die Muskeln spannen sich an. Jetzt sind wir kampfbereit! Das ist ein altes Erbe, das Überleben sichert und den Menschen mit vielen Tieren verbindet.

Ein Auto fährt Dir auf der falschen Seite entgegen. Du reißt das Steuer herum und schrammst gerade noch am Falschfahrer vorbei. Wäre es ein Raubtier gewesen, das sich auf Dich stürzen wollte, dann hättest Du um Dein Leben kämpfen müssen. Im Bruchteil einer Sekunde mobilisiert Dein Körper alle Energien, die Du dazu brauchst.

Allerdings kannst Du in der Situation im Straßenverkehr, die so vielen anderen in unserer modernen Welt ähnelt, diese Energie nicht wirklich (ver-)brauchen. Die Gefahr ist längst vorbei und Du bist wieder sicher. Aber die Kampfbereitschaft steckt noch in Deinem Körper fest. Deswegen ist das Schimpfen nachträglich eine fast notwendige Form, sie loszuwerden …

*Wer glücklich sein will, muss den Ärger der Vergangenheit loslassen.*

Du brauchst diese Kraft auch, ohne dass es gleich um Leben und Tod geht. Ein Hindernis stellt sich Dir in den Weg – Ärger über die Barriere taucht auf. Er weckt Deine Stärke, um Widerstände zu überwinden. Oder es beleidigt Dich jemand. Du fühlst dich gedemütigt – Ärger taucht auf, der Dir hilft, für Deinen eigenen Wert einzutreten.

Solche Anlässe für Ärger gibt es viele. Da gibt es den ungerechten Vorgesetzten, revoltierende Kinder, böse Nachbarn oder die Trennung in der Beziehung. Dass in diesen Situationen Ärger hochschießt, ist also erst einmal eine gesunde Verteidigungsreaktion des Organismus.

Allerdings nur dann, wenn die Intensität der Aggression auch dem Anlass angemessen ist! Für einen kleinen Anlass ist die leichte Reizbarkeit stimmig, für einen stärkeren Anlass dann schon Wut. Schließlich geschieht eine wirkliche körperliche Bedrohung – dann brauchst Du alle Hormone, um kampfbereit zu sein.

Situationen im Alltag zeigen jedoch verwirrende Reaktionen. Ein unscheinbarer Anlass mag einen Riesenärger erzeugen. Es reicht eine abfällige Bemerkung und schon setzt eine enorme Spirale von negativen Gedanken, Gefühlen und Reaktionen ein, die tagelang anhalten können.

Wie das? Woher rührt diese Intensität?

Ein Teil der Energie, die sich in Deinem unangemessenen Ärger zeigt, stammt aus der Vergangenheit, oft aus der Kindheit. Du rastest deshalb so stark aus, weil Dich die aktuelle Situation an die gerade beschriebenen früheren Verletzungen erinnert.

In solchen Augenblicken tappst Du wie im Nebel und

***Du reagierst unangemessen, wenn Dich eine Situation an frühere Verletzungen erinnert.***

nimmst die Situation in der Gegenwart nicht klar und eindeutig wahr. Ohne es zu bemerken, bist Du teilweise zurück in den Film der Vergangenheit gefallen. Gegenwärtiges und Vergangenes überlappen sich. Nur deshalb kommt es zu den unangemessenen und überschießenden Reaktionen.

Denn wenn die Narbe einer alten Wunde berührt wird, wird der darunter vergrabene Schmerz wieder wach. Die Intensität des Ärgers bei einem kleinen Anlass zeigt die Schwere der alten Verletzung an. Gefühle, die das Kind unterdrücken musste, entladen sich dann heute. Das Ausmaß des Ärgers ist verständlich, wenn man um die Tiefe der Wunde weiß. Dann macht die Heftigkeit Sinn!

Wenn Dir bewusst wird, was Dich im Alltag zornig macht, weißt Du auch, wo Deine größten Wunden der Vergangenheit liegen.

Deshalb gelingt es Dir in Auseinandersetzungen nicht, Deinen eigenen Anteil zu sehen. Die Vergangenheit hat Dich plötzlich in ihrem Griff. Deinem Gegenüber geht es ähnlich. Hinter den sonst so vernünftigen Erwachsenen tauchen plötzlich zwei Kinder auf, die sich wütend im Sandkasten mit Sand bewerfen.

Ein Teil Deines aktuellen Ärgers – nicht der ganze, wohlbemerkt – ist also durch frühe Verletzungen verursacht. Wenn Du glücklich sein willst, musst Du den alten Ärger gehenlassen und aufgeben. Sonst vergiftet er immer wieder Deine Gegenwart.

Aber willst Du das wirklich? In Frieden zu kommen mit dem, was war und ist? Diesen alten Groll loslassen, vielleicht gar zu einem freundlichen Menschen werden?

*Die Intensität des Ärgers bei einem kleinen Anlass zeigt die Schwere einer alten Verletzung an.*

Du hängst an Deinem Ärger. Du bist verletzt worden. Du warst einmal Opfer und das soll nie mehr vorkommen! Opfer wollen Entschädigung oder Vergeltung. Sie fühlen sich unschuldig und dazu berechtigt. Sie haben – hinter oft offensichtlichem Leiden – etwas sehr Anspruchsvolles und Aggressives. Denn unter dem Opfergefühl lauert eine riesige, manchmal mörderische Wut.

Wer sich als Opfer fühlt, dem nützt auch die Unterstützung von anderen wenig. Denn da ist eine Art ständiger Gier nach Wiedergutmachung, die wie bei einem Esssüchtigen durch das Bekommene nicht gestillt wird. Irgendwann werden dann auch die Unterstützer wütend, weil sie sich benutzt fühlen. Jetzt erlebt sich das Opfer wie ein Märtyrer und sieht sich in seinem Opferstatus – wieder einmal mehr – bestätigt.

Fühlst Du Dich insgeheim als Opfer? Die meisten von uns tragen auch diese Seite in sich. Dann gilt für Dich: Austeilen statt einstecken! Vielleicht nicht andauernd und penetrant, aber immer wieder in Situationen, die Dich an früher erinnern. Denn hieltest Du still, käme es Dir vor, als würdest Du nachträglich dem zustimmen, was Dir widerfahren ist.

Manche Menschen verlagern auch die berechtigte Empörung von damals in das kleinere und größere Weltgeschehen heute. Sie suchen hier einen Grund, um ihren Ärger zu äußern. Und die Welt bietet ihnen unzählige Gelegenheiten, denn Ungerechtigkeiten und Leid lassen sich überall entdecken. Dann ist die beste Strategie, Partei für eine, natürlich „die gute" Seite zu ergreifen und dann dafür zu kämpfen. Sei es im Kleinen oder im Großen.

## *Fühlst Du Dich insgeheim als Opfer? Dann gilt für Dich: Austeilen statt einstecken!*

Der Zorn lässt aber nicht klar sehen, weil er einen Teil seiner Kraft durch die kindlichen Wunden erhält. Eine spontane, ursprünglich berechtigte Empörung kippt und verselbständigt sich. Radikal sieht jemand das Gute und das Recht nur auf seiner Seite, das zu Bekämpfende aber auf der anderen Seite.

Der brüderliche und auch verständnisvolle Mitmensch in einem selbst verschwindet. Stattdessen stehen da ein verbissener Richter oder eine schonungslose Rächerin. Bitterkeit und Gnadenlosigkeit bilden die Unterströmung. Wie soll da Handeln geschehen, das dauerhaft befriedet? So ist neues Unrecht schon im Keim angelegt.

Ich plädiere hier nicht dafür, Unrecht mit Schafsgeduld hinzunehmen. Aber dagegen, es zum eigenen Frustabbau zu verwenden suchen. (Gelingen wird dieser Abbau nie, weil der eigentliche Frust – der aus der eigenen Vergangenheit – vermieden wird.)

Denn der alte Ärger war und ist d i e große Schutzmauer gegen den Schmerz darunter, das Thema des letzten Kapitels. Wenn wir den Ärger zur Seite stellen, begegnen wir dem Leid der Vergangenheit.

Glück findest Du nur, wenn Du nicht länger bestimmt wirst von alten Erfahrungen. Dazu musst Du die Gegenwart von der Vergangenheit unterscheiden. Das geht nur, wenn Du Dir der Spukgestalten der Vergangenheit bewusst bist. Nicht als stressige, dauerhafte Bürde, sondern immer genau dann, wenn eine aktuelle Situation Dich daran erinnert.

Zurück zu dem vitalen Teil der Aggression, zu unserer ursprünglichen Kraft! Wenn kleine Kinder wütend sind,

*Versuch nicht fremdes Unrecht zum eigenen Frustabbau zu verwenden!*

dann sind sie es mit Leib und Seele. Jede Faser ihres Wesens spiegelt massiven Zorn. In diesen Augenblicken ist alle ihre Energie aktiv und nach außen gerichtet.

Aggressionen werden in allen Gesellschaften gehemmt, denn die Beherrschung von Aggression (so wie auch von Sexualität) sind essentielle Grundlagen menschlicher Kultur.

Eltern halten diese Kraft nicht immer aus. Ihr Kind konfrontiert sie mit ihrer eigenen Vergangenheit, mit der Zeit, als sie die gleiche Wut spürten. Und als sie von ihren Eltern damals daran gehindert wurden. Auch deshalb bremsen und stoppen sie ihre Kinder, wenn diese schreien, stampfen und ausflippen. So wie es ihre Eltern mit ihnen machten, machen sie es mit ihren eigenen Kindern. Prägungen werden von Generation zu Generation weiter gegeben, zwar immer wieder neu und verändert, in ihrem Kern aber doch ähnlich.

Deshalb haben wir als Kind gelernt, Ärger und Wut zu beherrschen. Leider funktioniert das nur teilweise. Das erleben alle, die ihren Ärger so lange wie möglich bekämpfen und dann doch irgendwann wie ein Dampfkochtopf platzen. Sie setzen sich dann in der aktuellen Situation vielleicht durch, aber aus dem Überdruck resultieren neue Konflikte.

Diese ursprüngliche Energie, von der Du Dich abschneiden musstest, ist wild. Je mehr Du sie abzutöten versuchst, desto unberechenbarer wird sie. Kein Wunder, dass die Eruptionen heftig sind, wenn Du so selten die Kontrolle loslässt. Das macht Dir zurecht Angst – und als Folge, willst Du noch mehr zu unterdrücken. Bis der Vulkan irgendwann ausbrechen muss. Ein Teufelskreislauf.

*Die ursprüngliche Energie der Aggression, von der Du Dich abgeschnitten hast, ist wild.*

Den durchbrichst Du nur, wenn Du Dir erlaubst, mehr in Kontakt mit Deiner Wut zu kommen. Wenn Du sie nicht mehr so weit von Dir wegschiebst. Entdecke, mit welchen Mitteln und Tricks Du sie bisher zu verdrängen suchtest. Gib Dir die Erlaubnis: Ich darf wütend sein!

Wenn Dein Widerstand, Dein Widerwille, Dein Zorn allmählich mehr Raum bekommen, wirst Du nicht mehr davon überwältigt. Du findest Zugang zu der Stärke, die sich darin verbirgt, und diese Energie wird Dein Leben und das der anderen bereichern.

Für Dein Glück brauchst Du die Kraft, die in Deiner Aggression steckt. Es ist die Kraft, mit der das Küken die Eierschale durchbricht. Es ist die Kraft, mit der sich das Baby durch den Geburtskanal zwängt.

Glück ist kraftvoll, kein süßlicher und klebriger Brei. Glück ist nichts für Schwächlinge und Gehemmte. Denn es ist nicht nur still und weit, sondern auch wild und verrückt. Tiefe und Ekstase, alles gehört dazu.

> Fazit: Ärger macht Dich wild und unberechenbar. Unterdrücke ihn deshalb weiter nach Kräften! Nimm Dich perfekt zusammen, dann wird niemand die versteckte Wut hinter Deiner Fassade vermuten. Sch.... doch auf das Glück!
>
> Klammere Dich auch weiter an Deinen alten Ärger. Fühlst Du Dich nicht im Recht, wenn Du Deine Empörung pflegst und Deine Vorwürfe am

*Du brauchst die Kraft Deiner Aggression.*
*Glück ist kraftvoll, kein süßlicher Brei.*

Leben hältst? Die Vergangenheit aufräumen? Da ist es doch bequemer und vernünftiger, weiter wie der Vogel Strauß den Kopf in den Sand zu stecken.

*Steck weiter Deinen Kopf in den Sand wie der Vogel Strauß!*

# 5. Glück will Dich demütig

Stell Dir einen persönlichen Glücksfall vor: Du erhältst eine Steuerrückzahlung, Dein Partner überrascht Dich mit einem Liebesbeweis, Dein Chef äußert sich anerkennend über Deine Leistungen. Ja, vielleicht findest Du auch einfach 100 Euro auf der Straße.

Solches Glück passiert nicht jedem! Sogar damit angeben darfst Du deshalb, und wenn die anderen ein bisschen neidisch schauen, nährt das Dein Glück. Denn Du hast Grund, stolz darauf sein. In diesem Moment bist Du etwas Besonderes.

Auch wenn es überraschend klingt: Vergleichbares gilt umgekehrt auch für das Unglück: Du verpasst den Anschlussflug, Dein Keller wird beim heftigen Gewitter überschwemmt oder bei einem Sturz brichst Du Dir das Bein. Auch Unglück macht Dich in diesem Moment zu etwas Besonderem.

Damit prahlen ist vielleicht nicht angebracht, aber jammern darfst Du in jedem Fall. Jetzt braucht die Umwelt nicht neidisch zu sein, aber dafür hast Du den Anspruch auf ihr Mitgefühl und Mitleid. Wehe demjenigen, den Dein Schicksal völlig kalt lässt! Dem zahlst Du es bei nächster Gelegenheit heim.

Mit dem ständigen Glück verlierst Du etwas von diesen Gefühlsausschlägen. Denn es ist ein einfacher innerer Zustand, der bleibt und das Leben nimmt, wie es kommt, die angenehmen Schicksalsschläge genauso wie die unangenehmen. Deswegen kommst Du Dir dabei nicht Aufsehen

*Auch Unglück macht Dich in diesem Moment zu etwas Besonderem.*

erregend vor, Du bist einfach im Fluss des Lebens, bist kein außergewöhnlicher Mensch.

Es geht Dir wie allen anderen. Mal stößt Dir Gutes zu, mal Schlechtes. Mal bemühst Du Dich und setzt Dich ein, dann wieder lässt Du einfach los und gibst nach. Mal bekommst Du, was Du willst und ein anderes Mal wieder nicht. Du nimmst es, wie es geschieht. Es gibt weder einen Grund für Stolz noch einen für Selbstmitleid.

Damit schrumpft etwas in Dir, so als ob man die Luft aus einem prallen Ballon lässt. Du wirst demütig.

Stopp! Demut – was für ein unangenehmes Wort! Wer möchte nicht gern die Nase hoch tragen und außergewöhnlich sein?! Wir wollen uns unterscheiden von den anderen! Deshalb bewerten und vergleichen wir doch ständig. Ganz gleich, ob besser oder schlechter – auf jeden Fall anders, etwas Besonderes eben. Sonst fühlst Du Dich als Verlierer, als „loser", eine Art Nichts, wertlos und entbehrlich. Das ist ein schreckliches Gefühl.

Sei deshalb auf der Hut vor dem bleibenden Glück. Es raubt Dir einen Kern Deiner Existenz, weil es Dich bescheiden und normal macht. Tu deshalb alles, um es zu vermeiden!

Dazu kommt noch etwas anderes: Von klein auf sind wir darauf gedrillt worden, uns anzustrengen, um etwas zu erreichen. Das Streben nach Leistung steckt uns in Fleisch und Blut. Bereits mit der Muttermilch haben wir das in uns aufgesogen. Schon das Baby muss lernen zu entscheiden. Schreien oder nicht? Wie erreicht es am ehesten, dass jemand kommt und seinen Hunger stillt? Da hat das Lernen angefangen.

***Bereits mit der Muttermilch haben wir das Streben nach Leistung in uns aufgesogen.***

Später kam das erste richtige Training! Wann und wie das Töpfchen benutzten? Ein strenger Blick, ein tadelnder Ton in der Stimme und ein harter Griff ums Ärmchen signalisieren die gewünschte Richtung. Überströmende Begeisterung, wenn das Ziel erreicht ist. So hat das Kind die Wahl: Entweder unfolgsam, ja dumm sein? Oder folgsam, kontrolliert und anerkannt? Bei diesen Alternativen fällt uns auch heute die Wahl nicht schwer ... Also ist verinnerlicht: Streng Dich an, dann wirst Du geliebt!

Diese Idee wenden wir auch auf das Glück an. Jeder ist seines Glückes Schmied! Es gilt zu schwitzen und zu hämmern, damit das Glück ein Ergebnis der eigenen Arbeit, nämlich der verdiente Lohn ist. Es fällt einem nicht einfach in den Schoß, sondern es muss im Schweiße des Angesichts erworben werden.

Alles ist machbar – nichts ist unmöglich! Diese Werbesprüche bringen es auf den Punkt. Du kannst gewinnen – oder versagen! Also bist Du auch dafür verantwortlich, Dein Glück zu erjagen. Gib Dir noch mehr Mühe. Noch mehr!

Glück aber ist größer als Du. Es lässt sich nicht von Dir in die Hand nehmen und beherrschen. Das gilt nicht nur für das Glück. Dein ganzes Leben steht nur begrenzt unter Deiner Kontrolle.

Das verdrängst Du nach Kräften. Anderen Menschen mag Schlimmes passieren – Dir nicht! Es sind die anderen, die Unfälle treffen oder Krankheiten erleiden. Denn Du hast ja Dein Leben im Griff. Solange es Dich nicht direkt trifft, prallen solche Möglichkeiten an Deinem mentalen Schutzschirm ab.

Wir – Du als Leser und ich als Autor – erleben etwas Segensreiches: zu dieser Zeit in dieser relativ sicheren

*Dein Glück hättest Du gern als ein Ergebnis der eigenen Arbeit, als verdienten Lohn.*

Gegend der Erde zu wohnen. Dass uns hier Kriege, Erdbeben und Tsunamis verschonen – ist das Fügung? Vorbestimmtes Schicksal? Vielleicht sogar unser Verdienst? Haben wir etwas Wesentliches dazu beigetragen?

Nichts von all dem. Es ist Zufall.

Wenn Du die übrige Natur anschaust, siehst Du, dass Leben aus einem bisweilen riesigen Überfluss heraus ständig wächst und vergeht.

Anfang April quaken die ersten Frösche. Das sind die Männchen, die die Weibchen anlocken wollen. Kurze Zeit später legt dann ein Froschweibchen bis zu 8000 Eier ab. 10 Tage später werden daraus kleine Kaulquappen. Die Froscheier, die Kaulquappen und später die heranwachsenden Frösche dienen anderen Tieren als Nahrung. Am Ende bleiben nur ein paar erwachsene Frösche über und vermehren sich nächstes Jahr weiter.

Wäre einer dieser überlebenden Frösche ein Mensch, würde er das sicherlich nicht für einen glücklichen Umstand halten. „Ich bin auserwählt und besonders. Vielleicht habe ich eine besondere Mission. Oder es ist das erworbene Karma aus dem vergangenen Leben. Niemals kann das Zufall sein" (quakt der Frosch)!

Werfen wir einen Blick zurück zu den Zehntausenden Generationen von Menschen, von denen wir abstammen. Damit wir geboren werden konnten, mussten all unsere Vorfahren über zweierlei Qualitäten verfügen. Zum einen waren sie sehr kräftig und zäh, denn die Schwächeren sind früh gestorben. Und zum zweiten müssen sie enormes Glück (nicht unser inneres beständiges, sondern ein sehr praktisches äußerliches) gehabt haben, denn Kriege,

*All unsere Vorfahren verfügten über zwei Eigenschaften: Stärke und Glück.*

Hungersnöte, Seuchen und Naturkatastrophen metzelten auch viele der Stärksten vor der Fortpflanzung nieder.

Dass das Leben hier so viel mit „Zufall" zu tun hat, zieht einem ein Stückchen den Teppich unter Füßen weg, auf dem man scheinbar so unerschütterlich ruht. Zufall ist das Gegenteil von Kontrolle.

Zufall liefert Dich etwas Größerem aus. Es klingt so banal, weil es schon oft gesagt wurde: Als Mensch bist Du ein winziges Staubkörnchen im unermesslichen Weltall, von viel größeren Kräften bestimmt, als Du je fassen kannst.

Wenn Du das ganz an Dich herankommen lässt, ist eine erste instinktive Reaktion: Du bekommst Angst. Ein Spielball. Hilflos. Ausgeliefert.

Diesen Zustand kennst Du. Völlig abhängig warst Du schon einmal zu Beginn Deines Lebens als Säugling. Damit verbunden waren schreckliche Momente – man höre nur das verzweifelte Schreien des Säuglings, der Hunger oder Bauchweh hat. Und auch danach als kleines Kind musstest Du Dich anpassen und unterwerfen, weil Du keine andere Wahl hattest.

Wenn Du Dich heute hilflos fühlst, fangen Erinnerungen an damals in Dir herumzuspuken. Du willst diese Empfindungen nicht. Als Schutz dagegen suchst Du das Gefühl, Dein Leben zu beherrschen. Demut wirkt gefährlich.

Deshalb willst Du Dir Dein Glück durch Mühen und Opfer verdienen. So dass es am Ende eines Wegs als Belohnung auf Dich wartet. Schön wäre das! Irgendwo simpel und auch irgendwo gerecht.

Aber ist das Leben gerecht? Du hättest es gern so, dann damit könntest Du die Sinnlosigkeit vieler Deiner Anstren-

*Hilflosigkeit macht Dir enorme Angst, weil Du sie aus Deiner Vergangenheit kennst.*

gungen rechtfertigen. Doch das Leben wuchert üppig und grenzenlos – die menschliche Schablone von Gerechtigkeit passt nicht zu ihm. Unsere Ideen vom Leben sind wie das Eimerchen, mit dem ein Kind das Meer ausschöpfen will.

Glück nimmt Dir die Kontrolle. Oder genauer formuliert: Glück nimmt Dir die Illusion der Kontrolle. In Wirklichkeit hattest Du nie die Kontrolle – weder im Glück noch im Unglück.

Was wäre, wenn Du Dein ständiges Bemühen ließest?

Der Gedanke an den Verlust der Kontrolle kann jemand zittern machen. Der Kopf rattert. Was könnte nicht alles geschehen, wenn ich ohne Kontrolle leben würde? Würde ich vielleicht verrückt? Oder würde alles Negative, alles Unterdrückte aus mir hervorbrechen?

Kontrolle ist Dein Schutz und Zwang zugleich.

Glück aber lässt sich mit Kontrolle nicht vereinbaren. Glück als die offene Hand und Kontrolle als der feste Griff.

Wer glücklich ist, hat Vertrauen. Wozu? Zu wem? In was? Es gibt so viele unterschiedliche Worte und Bilder dafür. Manche sagen dazu das Leben, manche Gott, andere das Schicksal, die Welt, den Geist, der Kosmos oder auch die Erde. Diese Worte deuten alle in die gleiche Richtung, versuchen alle Ähnliches zu erfassen. Das Wort ist zweitrangig, denn das, worauf es hinweist, lässt sich nicht konkret mit Worten definieren.

Wenn Du Dich ihm anvertraust, kann das Glück Dich finden. Wenn es zu Dir kommt, urteile nicht darüber, entscheide Dich nicht dafür oder dagegen, sondern nimm es dankbar an. Denn Du bist nicht glücklich, weil Du es verdient hast, sondern weil es Dir geschenkt wird.

***Kontrolle ist Schutz und Zwang zugleich.***
***Glück nimmt Dir die Illusion dieser***
***Kontrolle.***

**Fazit:** Bleib realistisch! Was geschenkt wird, ist selten etwas wert. Dann könnte es ja jeder bekommen! Aber Du leistest etwas, damit Dein Glück irgendwann verdient ist. Du bist – zu Recht! – felsenfest davon überzeugt, dass Du etwas Besonderes bist.

Sei stolz auf Dich und Deine Anstrengungen! Demut ist etwas für Schwächlinge. Geh keine unnötigen Risiken ein. Stell deshalb nicht ein vages Glück in den Vordergrund, sondern verlass Dich darauf, dass alles in Deiner Hand liegt und durch Deine Willenskraft erreicht werden kann. Du weißt ja: Vertrauen ist gut – Kontrolle ist besser.

*Du bist – zu Recht! – felsenfest davon überzeugt, dass Du etwas Besonderes bist.*

# Notizen

# 6. Glück verursacht Dir ein schlechtes Gewissen

Ein Blick in die Nachrichten genügt – schon hämmern die Bilder von Katastrophen, Krieg und Tod auf Dich ein. Menschen töten und verstümmeln in endlosen Auseinandersetzungen andere Menschen, sei es in Kriegen oder Bürgerkriegen oder – ganz modern – durch Drohnenangriffe. In ständig neuen Wirtschaftskrisen verarmen und verelenden die Bürger vieler Staaten.

Dazu kommt: Ein großer Teil Deines Wohlstands geht auf Kosten der Ausgebeuteten und Unterdrückten. Die Kleider, die Du so selbstverständlich trägst, sind vielleicht in Bangladesch unter menschenunwürdigen Bedingungen zusammen genäht worden. Oder der Computer, den Du benutzt, enthält Rohstoffe, die in einsturzgefährdeten afrikanischen Bergwerkstollen durch Kinder abgebaut wurden.

Dabei reicht das Leid weit über die Menschen hinaus. Das Schnitzel, das Du mit Genuss verspeist, stammt wahrscheinlich von einem gequälten Tier, das Zeit seines Lebens nie die Sonne gesehen hat, sondern auf engstem Raum eingepfercht war. Die Plastiktüte, die Du beim Einkauf annimmst, wird irgendwann die Meere verschmutzen und Fische vergiften.

Lebst Du da nicht wie eine Made im Speck? Natürlich kannst Du Dich engagieren gegen das Unrecht in der Welt, gegen das Leid von Tieren und gegen die Umweltzerstörung. Aber das wirkt eher wie ein Tropfen auf dem

*Angesichts des Unglücks in der Welt – lebst Du da nicht wie eine Made im Speck?*

heißen Stein – und ent-schuldet Dich nicht wirklich. Denn Du bleibst weiter ein Profiteur.

Wer will, ja, – wer hat den Mut, angesichts dieser Misere auf der Erde, glücklich zu sein? Zufrieden und erfüllt sein – während so viele andere leiden! Während die Natur langsam vor die Hunde geht!

Willst Du es da w i r k l i c h besser haben? Wäre das nicht zutiefst unmoralisch?!

Ab und zu ein bisschen Glück – das ist Menschenrecht. Das kennen selbst die Ärmsten in den Slums. Aber wer mehr will, der fällt heraus. Eigentlich ist der ein Unmensch.

Wer also dazu gehören will, der entscheide sich für das Unglück. Dann bist Du in Frieden mit Deinen Mitmenschen. Wenn sie jammern, kannst Du mitjammern. Du bist geborgen in ihrer Mitte und fühlst die Wärme und die Nähe der anderen. Du brauchst Dich nur umzuschauen. Wer von denen, die Du kennst, ist glücklich? Willst Du zur überwältigenden Mehrheit gehören oder zu einer verschwindend geringen Minderheit?

Du musst Dich für Dein Unglück gar nicht bewusst zu entscheiden. Eines der tiefsten menschlichen Bedürfnisse ist es, dazu zu gehören. Dein Instinkt führt Dich schon auf den richtigen Weg. Zu den anderen. Weit weg vom Glück.

Das ist uns schon in die Wiege gelegt. Kinder haben eine tiefe Verbundenheit mit dem Unglück ihrer Familie. Sie kommen auf die Welt und nehmen mit jeder Pore die Gefühle und Spannungen auf, die die Menschen um sie herum haben. Schon im Bauch der Mutter schwingt der Embryo mit allen ihren Empfindungen mit.

*Willst Du es tatsächlich besser haben?*
*Wäre das nicht zutiefst unmoralisch?*

Kinder wollen nicht anders sein – und deswegen teilen sie das Unglück. Es ist eine archaische, kindliche Liebe und Loyalität, aus der heraus das geschieht. „Ich bin unglücklich – so wie ihr alle." „Ich lasse euch nicht allein." Das beschreibt den inneren Antrieb, der auch noch im Erwachsenen wirkt.

Nicht an der Oberfläche wohlgemerkt. Da will jeder sein eigenes Leben erfolgreich leben auf der Suche nach seinem Glück. Aber tief drinnen, da bestimmt mehr die versteckte Treue. Dann ruiniert und sabotiert jemand zu viel Glück, das heißt: mehr Glück als in der Familie vorhanden ist oder war.

Wenn dann (oft provozierte) widrige Umstände wieder über einen hereinbrechen, dann wird er oder sie zwar jammern, aber insgeheim gibt es eine stille Zufriedenheit, ein leises Lächeln. Denn jetzt gehört der kurz Ausgescherte wieder dazu. Er muss sich nicht länger schuldig fühlen, weil er den bisherigen Glücks-Rahmen seiner Familie überschritten hat. „Wenn ich ähnlich bin, gehöre ich dazu."

Du kannst meine Behauptungen überprüfen: Bist Du wirklich – trotz all Deiner Bemühungen – glücklicher und entspannter als die anderen in Deiner Familie? Als Dein Vater oder Deine Mutter?

Verbindungen im Unglück reichen aber weit über die Familie hinaus. Nach Unglücksfällen fühlen Überlebende sich oft schuldig (mit dem eigenen Begriff „survival guilt"), weil sie davon gekommen sind und die anderen nicht. Diese Schuld quält Überlebende nach Naturkatastrophen wie einem Tsunami oder Erdbeben genauso wie Soldaten,

*Bist Du wirklich glücklicher und entspannter als die anderen in Deiner Familie?*

deren Kameraden im Kampf neben ihnen gefallen sind. Ja, selbst Überlebende der Konzentrationslager erzählen, das sei heute noch ihre schlimmste Last.

Dass sie Glück gehabt haben, verursacht ihnen ein schlechtes Gewissen. Sie büßen dafür, dass sie am Leben geblieben sind, indem sie sich nach dem Unglück weniger am Leben erfreuen. Eigentlich seltsam, nicht wahr? Wie kann das nur sein?

In der Not, in oder nach dem Krieg oder bei Katastrophen wachsen die Menschen zusammen. Nicht alle, aber sehr viele, Oft unterstützen sie einander rückhaltlos – ganz anders als in den friedlichen Epochen. Denn dann beginnt wieder die Isolation, aus der heraus der einzelne sich abkapselt und nur noch seine persönlichen Ziele im Kopf hat. Spontane Nähe zu Mitmenschen wird selten oder kommt gar nicht mehr vor.

In den Zeiten von Lebensgefahr aber fallen die sonst trennenden Mauern. Plötzlich ist Gemeinschaft da, eine tiefe selbstverständliche existentielle Verbundenheit unter Menschen.

Wenn dann andere sterben und man selbst überlebt, wird das wie Unrecht erlebt, das – eigentlich – nicht sein dürfte. Man wird auseinander gerissen, andere sterben und man selbst darf – oder muss - weiterleben, ohne dass es dafür einen wirklich stichhaltigen Grund gibt.

Menschen sind in der Tiefe mehr verbunden als ihnen bewusst ist. Kannst, darfst und willst Du glücklich sein? Wenn andere es nicht sind?

Wie bedeutungsvoll diese Frage ist, zeigt eine alte Geschichte von Buddha. Buddha steht vor dem Himmelstor

*In den Zeiten von Lebensgefahr fallen die sonst trennenden Mauern.*

und darf endlich hindurchgehen. Nach unermüdlichem Streben und Bemühen hat er sein Ziel erreicht. Ewige Erlösung, ewiger Frieden warten auf ihn.

Aber nein – er zögert plötzlich, will den endgültigen Schritt nicht tun. Aus Mitgefühl mit all den noch Unerlösten und Leidenden zieht es ihn wieder zurück nach der Erde. Erst wenn sie alle mit ihm kommen, ist er bereit.

Die Moral der Geschichte auf den Punkt gebracht: Wenn Du mit den anderen leidest, bist Du mitfühlend und verbunden. Wenn Du glücklich bist, bist Du egoistisch und ein Außenseiter. Die Entscheidung für das Unglück ist bei dieser Alternative die sichere und vernünftige Wahl.

Vermagst Du Dich vom Unglück Deiner Familie und vom Unglück der Welt lösen, ohne Dich schuldig zu fühlen? Kannst Du das Leid um Dich herum annehmen, ohne dass die Verbindung mit Deinen Mitmenschen abreißt? Dass Du den Schmerz anderer mitfühlst, ohne Dein Glück zu verlieren?

Vielleicht nur, wenn Du eine tiefere Form der Verbundenheit entdeckst als die über die Ähnlichkeit im Unglück. Als Menschen teilen wir das Wesentliche. Wir alle sind in gleicher Weise ins Leben geworfen, Wir wurden gezeugt und empfangen, sind im Bauch der Mutter gewachsen, wurden unter Schmerzen geboren. Wir wuchsen heran und wurden dabei kultiviert, wie eine Pflanze beschnitten, so dass wir in die jeweilige Gesellschaft passten.

Als Erwachsene begegnen wir Enttäuschungen und Erfüllung, begegnen wir Freuden und Schmerzen. Wenn es uns geschenkt ist, altern wir und irgendwann, früher oder später, begegnen wir alle dem Tod. Manche von uns sind

*Findest Du eine tiefere Verbundenheit als die über die Ähnlichkeit im Unglück?*

schon im Mutterleib gestorben, manche als Kleinkinder, manche werden in der Blüte des Lebens „weggerafft" und zu anderen kommt der Tod als Hundertjährigen.

Jeder hat ein anderes, ein einzigartiges Schicksal. Aber im Grunde gar nicht so unterschiedlich. Andere Spielarten des Glücks und andere Spielarten des Leidens. Eine andere Verkörperung der Fülle des Lebens. Aber doch im Wesentlichen gleich.

In Deinem schlechten Gewissen verbirgt sich ein unbewusstes Urteil, wie das Leben zu sein hätte. Es sollte nicht ungerecht sein. Wenn Du nun leidest, versuchst Du das auszugleichen. Sozusagen das Leben verbessern. Ist das nicht auf eine sehr versteckte Art anmaßend?

Findest Du in Dir einen so weiten inneren Raum, in dem die Zusammengehörigkeit mit allen und allem Platz hat? Mit dem paradoxen Ergebnis, dass Du glücklich und allein bist und doch mit allen und allem anderen – auch ihrem jeweiligen Unglück – verbunden?

Will das Leben denn, dass Du unglücklich bist? Kann es das wollen? Und zwar aus dem einzigen Grund, weil andere unglücklich sind?

Was glaubst Du, würde Dir das Leben antworten?

> **Fazit:** Wenn Du unglücklich bist, gehörst Du dazu. Damit lässt Du die anderen in ihrem Unglück nicht allein. Dann musst Du auch kein schlechtes Gewissen haben. Wenn Du glücklich bist, machst Du Dich zum Außenseiter. Sei also unglücklich und leide mit in der Gemeinschaft!

## *Will das Leben, dass Du unglücklich bist?*
## *Weil andere unglücklich sind?*

> Glück mag zwar am Horizont als Verheißung attraktiv wirken, aber Unglück verbindet Dich und gibt Dir Boden – und daher ist es vernünftiger. Leben ist nun mal Leiden. Lerne es also zu ertragen – es geht nicht darum, es zu feiern!

*Lerne das Leben zu ertragen – es geht nicht darum es zu feiern!*

# Notizen

# 7. Glück löst Deine Persönlichkeit auf

Der Kreis schließt sich. Unser Ausgangspunkt war, dass Glück Deinen bisherigen Rahmen sprengen würde. Das war allerdings nur eine vorsichtige Einstimmung, denn ich wollte Dich nicht gleich zu sehr verschrecken.

Glück ist gefährlicher. Die Sprengkraft ist gewaltig. Glück zerstört Deine Persönlichkeit. Es löst sie auf.

Überleg einmal: Wenn Du wirklich dauerhaft Glück gefunden hättest - wärst Du dann noch Du selbst?

Du würdest Dir erlauben, fehlerhaft zu sein. Du wärest offen und verletzlich. Du gäbst Deinen alten Ärger auf und wärest freundlich. Du wärst mit Deiner Kraft und Wildheit verbunden, ein Stück unberechenbar. Statt alles in der Hand haben zu wollen, würdest Du Dich mit Demut dem Leben anvertrauen. Du ständest für Dich allein und würdest trotzdem mit einem offenen Herzen das Leid der anderen mitfühlen.

Im Ernst! Wärst Du da noch Du selbst? Würdest Du Dich noch kennen? Was von dem, was Dir an Dir vertraut ist, hätte noch Bestand?

Wenn Du glücklich bist, vergisst Du, wer Du warst und wer Du bist. Was Du in deinem Leben erreicht hast, was Du erlitten hast, was Deine Besonderheiten sind – all das zählt dann nicht mehr. Es hat keine Bedeutung mehr.

Glück ist sprachlos – es ist jenseits der Worte. Jeder kennt Momente der Einheit mit der Natur. Vielleicht nahe der Quelle mit dem sprudelnden Wasser, das Grün der

*Wenn Du ganz und gar glücklich wärst –*
*wärst Du da noch Du selber?*

Bäume, das Bunt der Wiesenblumen oder das Gezwitscher der Vögel. Du bist nicht mehr getrennt, sondern ganz und gar da und eins mit allem um Dich. Vielleicht ist es Musik, die Dir diesen Raum öffnet. Oder Du erlebst eine neue Liebe, die Dich mitnimmt in den sonst unbekannten Bereich. Oder Du gibst anderen rückhaltlos aus ganzem Herzen und bist für sie da, ohne nach Dir zu fragen.

Das, was Dich sonst von der Welt isoliert, ist in diesem Augenblick verschwunden.

Der Augenblick wird zeitlos. Stille. Frieden. Erfüllung. Während doch sonst die Gedanken unentwegt in Deinem Kopf rattern. Zweifeln, bewerten und Dich antreiben.

Ein solches Glück kannst Du ertragen für Augenblicke, für Minuten oder eine Stunde, in seltenen Phasen des Lebens vielleicht sogar für einen Tag oder eine Woche. Es ist wie aus der Welt fallen, so wie Du sie kanntest und kennst.

Wann kommt der Moment, an dem Du das nicht mehr aushältst? Plötzlich zieht es Dich mit aller Macht wieder zurück. Nicht überlegt oder geplant. Instinktiv.

Als ob Du auf dem offenen, weiten Meer treibst. Du hast Dich verloren – und dann erschrickst Du, die Leere überwältigt Dich. Das Grenzenlose lässt Dich zittern. Plötzlich drängt es Dich zurück auf den sicheren Boden. Du könntest panisch werden, wenn Du ihn nicht sofort findest.

Es ist wie ein innerer Mechanismus, der nicht in Deiner Hand ist. Ein Zwang, der zu sein, zu dem Du geworden bist. Für den Du Dich hältst. Der Dich festhält. An dem Du Dich festhältst.

Es mag ein Gefängnis sein, aber eines, an das Du dich

*Glück ist wie aus der Welt fallen, so wie Du sie kanntest und kennst.*

so sehr gewöhnt hast, dass Du es zu Deinem Zuhause gemacht hast. Zwar ist da noch ein offenes Fenster nach draußen zum blauen Himmel, aber Du hast es vergittert. Rüttelst Du an den Gitterstäben, um sie zu lösen oder um Dich anzuklammern?

Vielleicht suchst Du im Leben einen Sinn. Du willst verstehen, warum gerade Du existierst. Es muss doch alles einen Sinn haben! Wenn Du einen gefunden hast oder dem Leben einen Sinn gegeben hast, dann beruhigt Dich das. Keine Ameise, kein Reh, keine Katze fragt nach dem Sinn. Sie leben. Macht es für Dich einen Sinn, dass es diese Maus gibt, die gerade über Deinen Weg rennt? Macht es für die Maus Sinn, dass es Dich gibt?

Die Suche nach dem Sinn beschäftigt oder tröstet, aber ist im Grunde sinn-los. Wenn Du einen gefunden hast, dann kannst Du ihn in viele Worte und Sätze einwickeln. Das, was Du einwickelst, gibt es nicht.

Sinnlosigkeit ist wie ein Abgrund. Glück ist der gleiche Abgrund. Im Glück fragst Du nicht mehr nach dem Sinn, Du erfreust Dich am Dasein.

Glück löst Dich auf – ähnlich dem Tod. Es hat etwas vom Sterben an sich. Du verlierst Deine Begrenzungen und Deine Identität. Kein Wunder, dass es Angst macht!

Dieser Angst ins Gesicht zu sehen, ist ein hoher Preis, ein zu hoher! Im Unglück weißt Du, wer Du bist. Du kennst Dich, bist Dir selbst vertraut. Mit Deinen Einschränkungen, Deinen Selbstvorwürfen, auch Deinem Selbstlob. Deine Persönlichkeit gibt Dir Sicherheit und Halt, Form und Struktur. Du brauchst die Erinnerungen an all das, was Du durchlebt hast. Deine Niederlagen und Deine

*Im Glück fragst Du nicht mehr nach dem Sinn. Du erfreust Dich am Dasein.*

Siege. Deine Verletzungen und Deine Schuld. Deine Schmerzen und Deine Freuden.

Deine Gedanken formen Deine Fassade. Was dahinter ist? Das zu erforschen würde Dich in Neuland jenseits Deines Verstandes führen. Doch die Vernunft flüstert Dir zu, dass es das unsinnig ist

Im Glück ist das alles verschwunden. Wer bist Du dann noch?

> **Fazit:** Glaube Deiner Vernunft, die Dich von Kindesbeinen an gut begleitet hat. Versuch nicht jenseits der Grenzen zu gehen, die diese treue Gefährtin Dir zieht. Dann wirst Du immer wissen, wer Du bist.
>
> Für Deinen Verstand ist es in Ordnung, ab und zu vom endlosen Glück zu träumen. Sich zu mühen. Ziele erreichen zu wollen, die Glück versprechen. Das gibt Dir Sicherheit und macht Dich zu der Persönlichkeit, die Du nun einmal bist.
>
> Verspiele es nicht, indem Du wie ein Roulettespieler alles auf die Null – das Glück - setzt.

*Träume ab und zu vom endlosen Glück.*
*Das ist für Deinen Verstand in Ordnung.*

# Zum guten Schluss: Lob der Vernunft

„Wenn ihr's nicht fühlt, ihr werdet's nicht erjagen." Einen solchen Spruch kann doch nur jemand sagen, der nicht über genügend Verstand verfügt, seinen Standpunkt überzeugend darzulegen!

Gefühle sind Schall und Rauch, sie haben nicht die Konsistenz und Überzeugungskraft von rationalen Argumenten. Wer deswegen auf der sicheren Seite des Lebens stehen will, traue nicht den vagen Versprechungen einer möglichen emotionalen Verwirrtheit, sondern suche den festen Grund der Vernunft.

Für diese Menschen wurde dieses kleine Buch geschrieben. Ist doch der Verstand die höchste Errungenschaft des Menschen!

Wenn Du Deine Vernunft nutzt, liebe Leserin und vor allem lieber Leser (Männern wird ja seit alters her nachgesagt, dass sie einen direkteren Zugang zu ihr haben) wirst Du Dich nicht für die Idee eines Glücks entscheiden, das unkontrollierbar und fassungslos ist. Ein solches Glück ist nicht vernünftig. Damit ist eigentlich schon klar, was die richtige Wahl ist!

Du suchst doch mit Deinem Verstand die Welt, das Leben und die Menschen verstehen und begreifen. Wie Philosophen und Wissenschaftler seit Menschengedenken! Dazu sind Überblick, Kontrolle und logisches Denken erforderlich.

Gib das nicht auf und bleibe weiter auf Deiner Spur.

*Wer auf der sicheren Seite des Lebens stehen will, suche den festen Grund der Vernunft.*

Nimm weiter, so gut Du kannst, Dein Leben und Dein Glück in Deine Hand. Denn nur was der Verstand erfassen kann, zählt und hat Wert.

Es ist deshalb ganz und gar vernünftig, sich dagegen zu wehren, wirklich glücklich zu sein. Fall nicht in das Loch, das sich als Glück getarnt hat! Unglück ist da doch wirklich die bessere Wahl.

Du kannst es jederzeit – sogar jetzt beim Lesen ausprobieren. Frage Dich: „Entscheide ich mich dafür, in diesem Moment glücklich zu sein?" Du könntest „ja" sagen, aber Du weißt, dass „nein" die vernünftige Wahl ist.

So freue ich mich, wenn Du Dich klug entscheidest und hoffe, Dich mit diesem kleinen Buch unterstützt zu haben.

In diesem Sinne wünsche ich Dir:
Sorg ab und zu für Dein Unglück und ansonsten alles Gute!

Bertold Ulsamer

*„Nein" zum Glück ist die vernünftige Wahl.*

**Zum Autor:**
*Dr. Bertold Ulsamer, Jurist und Klinischer Psychologe aus Freiburg arbeitet seit 35 Jahren mit Menschen in Deutschland und in vielen Ländern der Welt zum einen als Familien- und Traumatherapeut, zum anderen als Coach und Managementtrainer. Er ist Autor von über 20 Büchern zu beruflichen und familiären Themen. Dabei liegen ihm immer praktische Lösungen am Herzen. Sollte es vielleicht auch für das Glück eine praktische Lösung geben? Hat Glück vielleicht einen Preis, der einfach sehr kostspielig ist?*
*Diese Fragen waren der Ausgangspunkt für diese kleine Schrift mit Gedanken zu Glück und Unglück.*

bertold.ulsamer@t-online.de
www.ulsamer.com
www.ulsamer-unternehmensberatung.de

# Auswahl der Bücher von Bertold Ulsamer:

- **Ohne Wurzeln keine Flügel. *Die systemische Therapie von Bert Hellinger*** (Goldmann)
  Erschienen auf Italienisch, Holländisch, Polnisch, Spanisch, Englisch, Chinesisch und Dänisch

- **Spielregeln für Paare. *Einsichten in Partnerschaftsdynamik mit dem Familien-Stellen nach Bert Hellinger*** (Goldmann)

- **Empowerment in Zeiten der Krise: *An Krisen wachsen statt darin unterzugehen*** (Goldmann)

- **Lebenswunden. *Hilfen zur Traumabewältigung*** (Vier-Türme)

- **„Alles ist machbar" und 25 andere fatale Irrtümer im Business** (Gabal)

- **Der Apfel-Faktor. *Wie die Familie, aus der wir kommen, beruflichen Erfolg beeinflusst*** (Kösel)

- **Wie Sie alte Wunden allein heilen und neue Kraft schöpfen. *Familienaufstellung ohne Stellvertreter.*** Ein Selbsthilfebuch mit CD (Kösel)

- **Träumst auch Du von der Liebe?** Fotobuch (Schillinger)

- **Schuld verstehen und heilen** (Vier-Türme)

- **Die gestresste Seele. *Neue Kraft bei Burnout und Erschöpfung.*** Mit 2 CDs *(Kösel)*

- **Wieder zur eigenen Kraft finden. *Anregungen für Burnout-Gefährdete.*** Fotobuch (Schillinger**)**

- **Inneren Frieden finden mit den Eltern: *7 Schritte zur Versöhnung.*** Mit CD (Kösel)

## Auszug aus „Inneren Frieden finden mit den Eltern. 7 Schritte zur Versöhnung" von Bertold Ulsamer:

In meiner Arbeit habe ich eine interessante Beobachtung gemacht: Jeder von uns hat eine bestimmte Grundeinstellung zum Leben. Vielleicht kann er sie nicht einmal formulieren, weil sie so in Fleisch und Blut übergegangen ist. Manche Menschen strengen sich enorm an, weil sie das Leben so fordernd finden. Andere sind gierig und wollen mehr und immer noch mehr vom Leben. Die dritten haben unentwegt Ansprüche und fordern vom Leben. Wieder andere sind frustriert und enttäuscht, weil das Leben ihre Wünsche und Träume nicht erfüllt. Schließlich gibt es Menschen, die dankbar gegenüber dem Leben sind, weil sie sich von ihm getragen fühlen.

Meist entspricht die Einstellung gegenüber dem Leben der grundlegenden Einstellung gegenüber den eigenen Eltern. Wer sich im Leben anstrengt, hat sich früher als Kind für seine Eltern anstrengen müssen. Wer gierig ist, hat das Gefühl, nicht genug als Kind bekommen zu haben. Frustriert vom Leben ist jemand, weil er von seinen Eltern enttäuscht ist. Und wer dankbar ist gegenüber dem Leben, wird auch dankbar gegenüber seinen Eltern sein.

Deswegen gibt es einen einfachen – wenn auch nicht immer leicht zugehenden! – Weg, um zu einer positiveren Lebenseinstellung zu kommen: Ändern Sie Ihre Haltung gegenüber Ihren Eltern!

Denn Eltern sind aus dem einem Grund wichtig: Ohne unsere Eltern gäbe es uns nicht! Das ist die Antwort im Kern. Wir leben, weil das Leben durch unsere Eltern zu uns gekommen ist. Sie sind unser Tor zum Leben.

# Notizen